Peter Thulke, Berlin

Er fährt leidenschaftlich gerne Motorrad (zur Zeit Royal Enfield), „weil ich da meine Ruhe habe und mir keiner dazwischenredet", er lebt in Berlin-Kreuzberg, er liebt die Fränkische Schweiz (und die fränkischen Bratwürste). Dass er einmal Zeichner werden wird, war ihm nicht in die Wiege gelegt worden.
In Wismar, wo er aufwuchs, machte er eine Maschinenbaulehre, dann Abitur. Er arbeitete auf einer Werft, später im Dieselmotorenwerk Wismar. 1980 zog er nach Berlin, damals Ostberlin. Erste Bildgeschichten zeichnete er Anfang der achtziger Jahre und bot sie dem Verlag „Junge Welt" an. Der zeigte Interesse, machte aber für eine Veröffentlichung zur Bedingung, dass er in einem Verlag arbeiten müsse. Für das Problem fand Peter Thulke eine Lösung: Er wurde Bote bei der „Berliner Zeitung". Die Kinderzeitschrift „Bummi" druckte seine Bildgeschichten ab, erste Karikaturen erschienen in der „Berliner Zeitung" und im „Eulenspiegel".
Nachdem er 1987 einen Ausreiseantrag gestellt hatte, zog Peter Thulke im April 1989 um nach Westberlin – im Gepäck hatte er Zeichnungen zum Thema Motorradfahren, die die Zeitschrift „Motorrad" veröffentlichte. Seinen Lebensunterhalt verdiente er nun als Kraftfahrer – und zeichnete nebenberuflich fleißig. Bekannt wurde er, als das Stadtmagazin „Zitty" seine Zeichnungen veröffentlichte. Den dortigen Redakteuren war Peter Thulke dennoch lange ein unbekanntes Wesen – seine Zeichnungen warf er des Nachts in den Briefkasten der „Zitty", zu Gesicht bekommen hat den scheuen Cartoonisten dort lange niemand.
Im Januar 2000 wagte Peter Thulke ganz den Sprung in die Selbstständigkeit und ist seither hauptberuflicher Cartoon-Zeichner. Er veröffentlicht regelmäßig in der „Medical Tribune", in vielen deutschen Tageszeitungen, im „Nebelspalter", Zeichnungen von ihm sind in der Zeitschrift „Psychologie heute" erschienen.
Peter Thulke hat einen unverkennbaren, markanten Stil. In schnellen Strichen erschafft er Situationen, die in der Atmosphäre von liebenswert-heiter über komisch und skurril bis zu makaber sein können. Gern zeigt er immer wieder auf, was passieren kann, wenn man Redewendungen wörtlich nimmt. Oder wenn jemand, wie unpassend es auch sein mag, auf seinen Prinzipien beharrt. Anregungen findet er im Alltag zu Genüge, indem er einfach seine Mitmenschen beobachtet.
Die Bildergeschichten in diesem Buch hat Peter Thulke eigens für die Schüler der Unterstufe erdacht und gezeichnet. Er versetzt sich hinein in das, was Kindern so alles widerfahren kann, und macht liebenswerte Geschichten daraus.
Bislang hat Peter Thulke ein Buch veröffentlicht: „Familiendrama", erschienen im Eulenspiegel Verlag Berlin, mit über hundert Cartoons.

2. Auflage 2005
ISBN 10: 3-8044-1555-5
ISBN 13: 978-3-8044-1555-3

Cartoons: Peter Thulke
Herausgeber: Eckehart Weiß
in Kooperation mit der Datenbank www.deutsch-digital.de

Vorwort

Kinder begreifen ihre Welt zuerst in Bildern. Mit Hilfe von Bilderbüchern lernen sie sprechen, lesen und auch schreiben. Das erste Schreiben eigener Texte in der Schule knüpft daran an. Die Kinder bekommen Bildergeschichten, zu denen sie ihre ersten Aufsätze schreiben, auf die sie stolz sein können, die ihnen sprachliches Selbstbewusstsein geben, ihren Ausdruck schulen. Die gezeichneten Bilder regen an zur genauen Beobachtung, fördern die Phantasie der Schüler, erweitern ihren Wortschatz. Und wenn diese Bildergeschichten vergnüglich sind oder sogar lustig, wenn sie die Kinder auch erfreuen, macht ihnen das Schreiben gleich viel mehr Spaß.

Schrittweise lernen sie so, Sprache bewusst einzusetzen, und begreifen dabei auch den Sinn von Grammatik-, Rechtschreib-, Ausdruck- und Stilregeln.

Leider bieten Sprach- und Lesebücher nur eine sehr begrenzte Anzahl dieser kleinen Bildergeschichten. Das kleine Unternehmen www.deutsch-digital.de hat sich daher bemüht, namhafte Zeichner zu finden, die für diesen Kernbereich des Deutschunterrichts Bildergeschichten zur Verfügung stellen.

Peter Thulke aus Berlin war der Erste, der sich von dieser Idee anstecken ließ. Deshalb stellen wir seine Zeichnungen zuerst vor.

Umfangreichere Bildgeschichten finden Sie zweimal abgedruckt: zuerst als Abfolge von je zwei Bildern auf einer Seite zum Kopieren auf Folie für die Arbeit mit dem Overhead im Unterricht, anschließend verkleinert zum papiersparenden Kopieren für Haus- und Schulaufgaben.

Die Bildergeschichten dieses Buches eignen sich für Erlebniserzählungen, Phantasiegeschichten, Berichte oder einfach für freie Schreibübungen. Und wer keine Aufsätze zu den Bildern schreiben mag, darf sie natürlich auch einfach so anschauen und über sie schmunzeln.

Inhalt

Bildergeschichten für Erzählungen

Erzählen in der Unterstufe

Jedes Kind hört gerne Geschichten. Wer gut erzählen kann, schenkt vielen Menschen Freude. Schon in der Grundschule lernt man etwas über den Grundaufbau einer unterhaltsamen Geschichte. Sie ist aufgebaut als Erzähltreppe mit einer Einleitung, die Personen, Ort, zeitliche Umstände und das Grundthema nennt, einer Haupthandlung, die sich zum Höhepunkt entwickelt, und einem kurzen versöhnlichen Schluss. Zur Ausgestaltung einer Erzählung gehört es, die Gefühle der Hauptpersonen zu schildern, entweder durch treffende Verben und genaue Adjektive oder durch wörtliche Rede. Genauere Anleitungen finden sich in der Datenbank www.deutsch-digital.de. Entscheidend für eine Erzählung ist der Blickwinkel: Man kann erzählen, als habe man das alles selbst erlebt, also in der Ich-Perspektive, oder man wählt die Er-Perspektive. Bei den Bildergeschichten kommt es aber hauptsächlich darauf an, genau zu beobachten. Zunächst sollte man sich jedes Bild anschauen und es ganz genau beschreiben. Anschließend ist zu überlegen, ob Handlungsschritte in der Zeichnung fehlen, die man aber dazuerfinden und beschreiben muss. So erschließt sich die Erzählidee – wie die Geschichte gemeint ist.

Drei Bildergeschichten sind ganz ausführlich: „Kalte Dusche", „Die gute Wurst" und die „Rache des Winzlings". Bei diesen Geschichten ist es möglich, die Bilder einer Erzählkurve genau zuzuordnen. Für die anderen Bilder sind gedankliche Ergänzungen nötig.

„Die zerbrochene Vase" erlaubt den Blickwinkel der Malerin oder den eines außen stehenden Beobachters. Selbst eine Phantasieerzählung ist denkbar, wenn der Hund die Geschichte erzählen soll.

„Wie gewonnen, so verloren" folgt der Grundidee der klassischen Erlebniserzählung „Als ich einmal Pech hatte". Diese Bilderfolge eignet sich somit ganz besonders für eine Ich-Erzählung. „Neugier" kann aus zwei Perspektiven geschrieben werden. Das Opfer könnte erzählen, wie es auf den Streich des kleinen Jungen hereingefallen ist. Der kleine Junge erzählt umgekehrt, wie er seinem Vater, Lehrer oder Freund einen gelungenen Streich spielte. „Gemeiner Geldraub" eignet sich sowohl für eine Erzählung als auch für einen Bericht. Die unglückliche alte Dame erzählt von ihrem Banküberfall. Die Polizei oder Lokalpresse schreibt einen Bericht.

„Apfelklau" gehört zur Grundidee „Als ich noch einmal Glück hatte". Der bedrohliche Hund muss deshalb schon in der Einleitung erwähnt werden. Natürlich rechnet der Dieb nicht damit, dass der Hund über die Mauer springen kann – er lässt es aber drauf ankommen.

„Rasante Fahrt" und „Schlittenfahrt" passen auch in diese Richtung. In beiden Fällen überschätzen die Kinder ihr Können. Um diese Geschichten zu erzählen, kann man Zuschauer dazuerfinden, vor denen die Jungs angeben wollen.

„Eislaufen" setzt die Übertretung eines Verbots voraus. Die Klasse könnte einen kleinen Ausflug gemacht haben. Leider ist ein Teil des Teiches abgesperrt ... „Fernsehzauber" bedarf als Vorbereitung ein paar Gedanken über die Erziehung und die Wirkung des Fernsehens.

KÖNIGS KOPIERVORLAGEN

Kalte Dusche

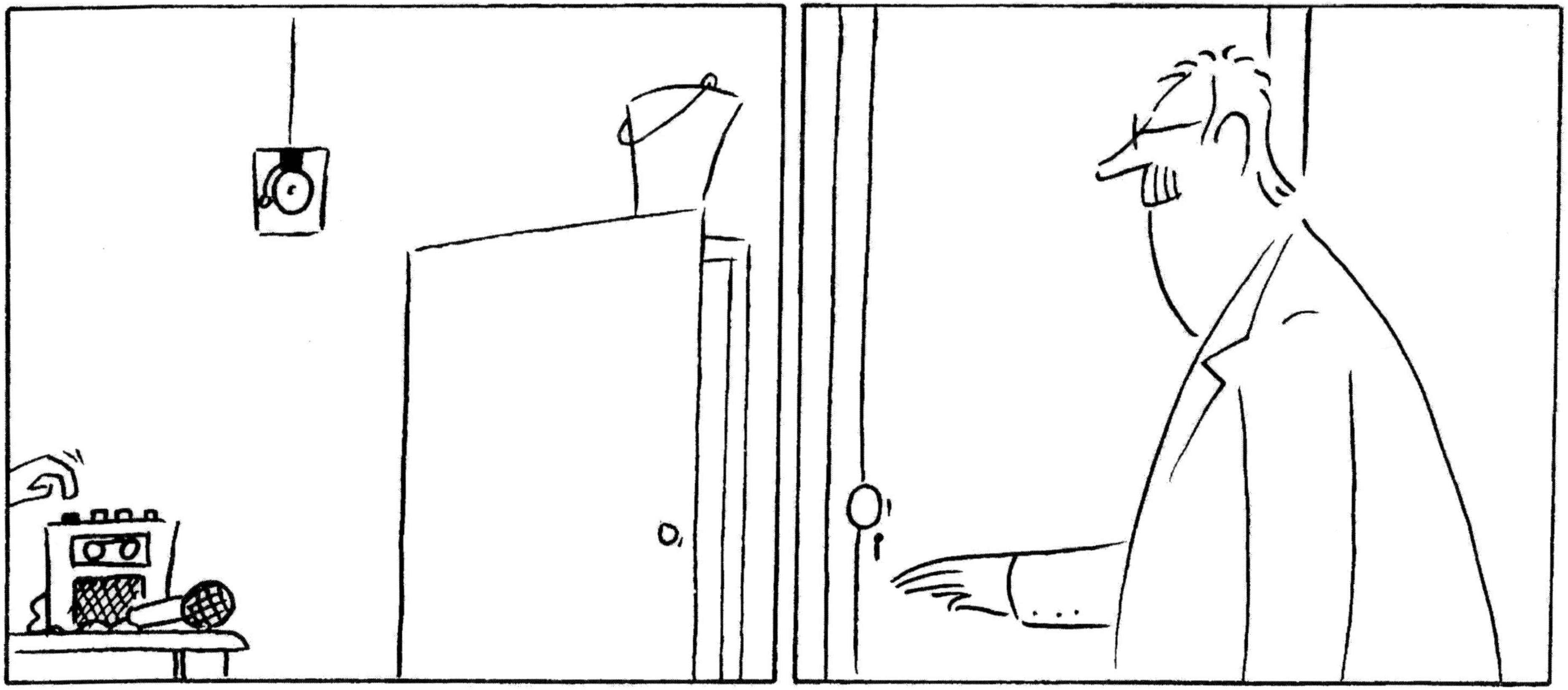

Kalte Dusche

KALTE DUSCHE

Die gute Wurst

PETER THULKE

Die gute Wurst

Die Rache des Winzlings

ZUM SCHWIMMBAD

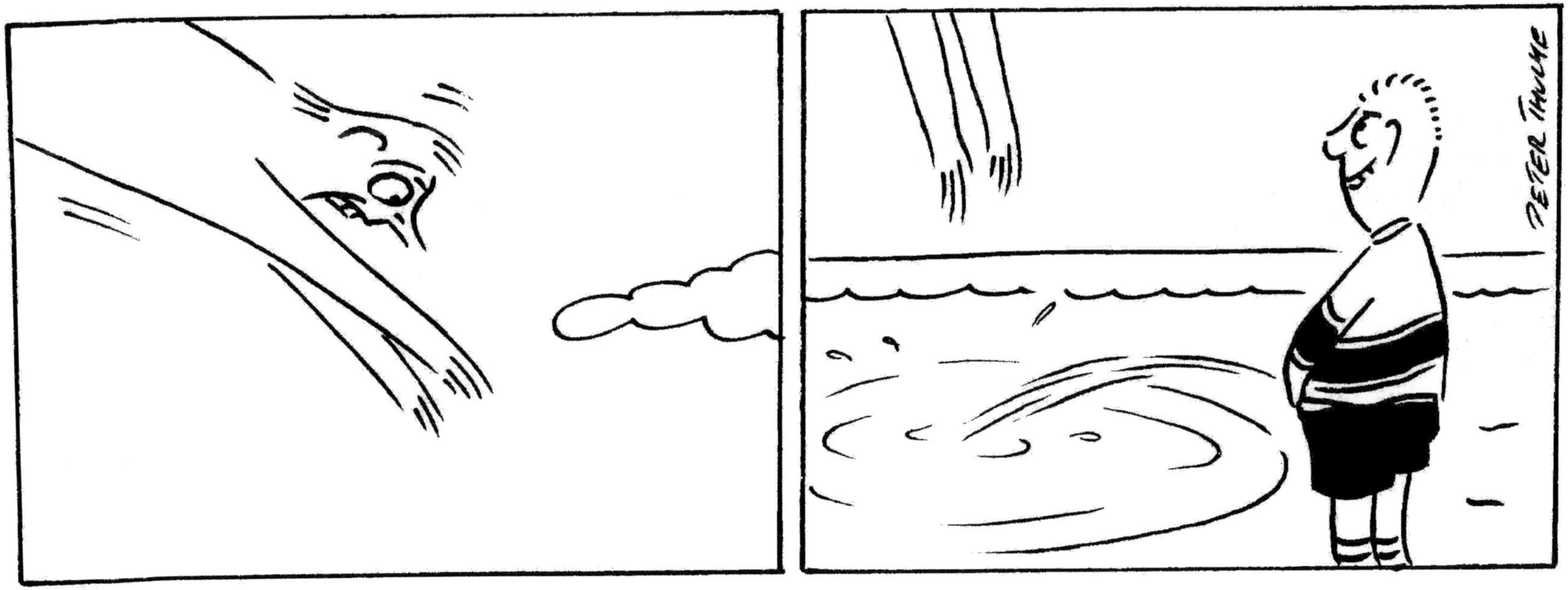

Die Rache des Winzlings

Die zerbrochene Vase

Wie gewonnen, so verloren

Neugier

Gemeiner Geldraub

Apfelklau

Rasante Fahrt

Schlittenfahrt

Eislaufen

Fernsehzauber

Mutter und Sohn

Mutter-Sohn-Geschichten

Mit den Mutter-Sohn-Geschichten lehnt sich Peter Thulke an die klassischen Vater Sohn-Geschichten von Erich Ohser (18. 03. 1903 bis 06. 04. 1944) an. Leicht zu erzählen sind die erste und die letzte Geschichte, „Mangelhaft" und „Sehr gut". Die weiteren Geschichten gehören bereits in den Bereich des freien Erzählens und erlauben verschiedene Handlungsvarianten. Dabei kommt es nicht so genau darauf an, dem klassischen Erzählaufbau zu folgen. Es geht vielmehr darum, einfach gut zu erzählen. Wer dies mit den Schülern versuchen möchte, kann im Unterricht über die Geschichten sprechen. Nach wie vor gilt aber die Grundregel, dass die zentralen Informationen der Bilder und der Überraschungseffekt am Ende, die Pointe, in der Erzählung erhalten bleiben müssen. Es ergibt sich immer eine Erzählidee oder vielleicht auch ein Minidrama.

Mangelhaft

Knabbermäuschen

Babysitter

Neid

Männer

KÖNIGS KOPIERVORLAGEN

Muttersöhnchen

Blumen statt Gewalt

Wenn die Augen größer sind als ...

KÖNIGS KOPIERVORLAGEN

Schulschwänzer

Tatütata

Sehr gut

Berichte

Der Bericht ist der nüchterne Bruder oder die nüchterne Schwester der Erzählung. Beiden gemeinsam ist, dass die Bilder genau beschrieben und die Reihenfolge der Handlung genau erfasst werden muss. Gemäß der Beschreibung der Bilder ergibt sich eine Ordnung der Hauptinformationen nach den W-Fragen:

Was ist geschehen? Das Hauptereignis
Wo spielt sich die Handlung ab? Der genaue Ort oder die genauen Orte
Wer ist an dem Geschehen beteiligt? Die betroffenen Personen mit Namen und Alter
Wann ereignete sich der Unfall? Tageszeit, Uhrzeit, Jahreszeit - je nach Wichtigkeit
Warum? Die Gründe für das Geschehen
Welche Folgen? Schäden an Dingen, Personen, allgemeine Folgen

Die Sprache des Berichts ist, im Gegensatz zur Sprache der Erzählung, nüchtern und sachlich. Detailgenauigkeit ist gefordert. Wörtliche Rede wird nicht verwendet. Will man Personen zitieren, muss die indirekte Rede verwendet werden. Geht der Bericht an eine Versicherung, etwa um einen Schaden zu melden, wobei erklärt werden muss, wie der Schaden entstanden ist, muss alles bis ins Detail stimmen. Soll ein Zeitungsbericht entstehen, gelten die journalistischen Regeln der Berichterstattung. Dabei werden die wichtigsten W-Fragen zuerst genannt. Auch eine gut formulierte Überschrift mit einer erklärenden Unterzeile gehört dazu.

Einbahnstraße

Silvesterkracher

Fußball

Pilzgericht mit Folgen

Das Geheimnis des verschwundenen Motorradfahrers

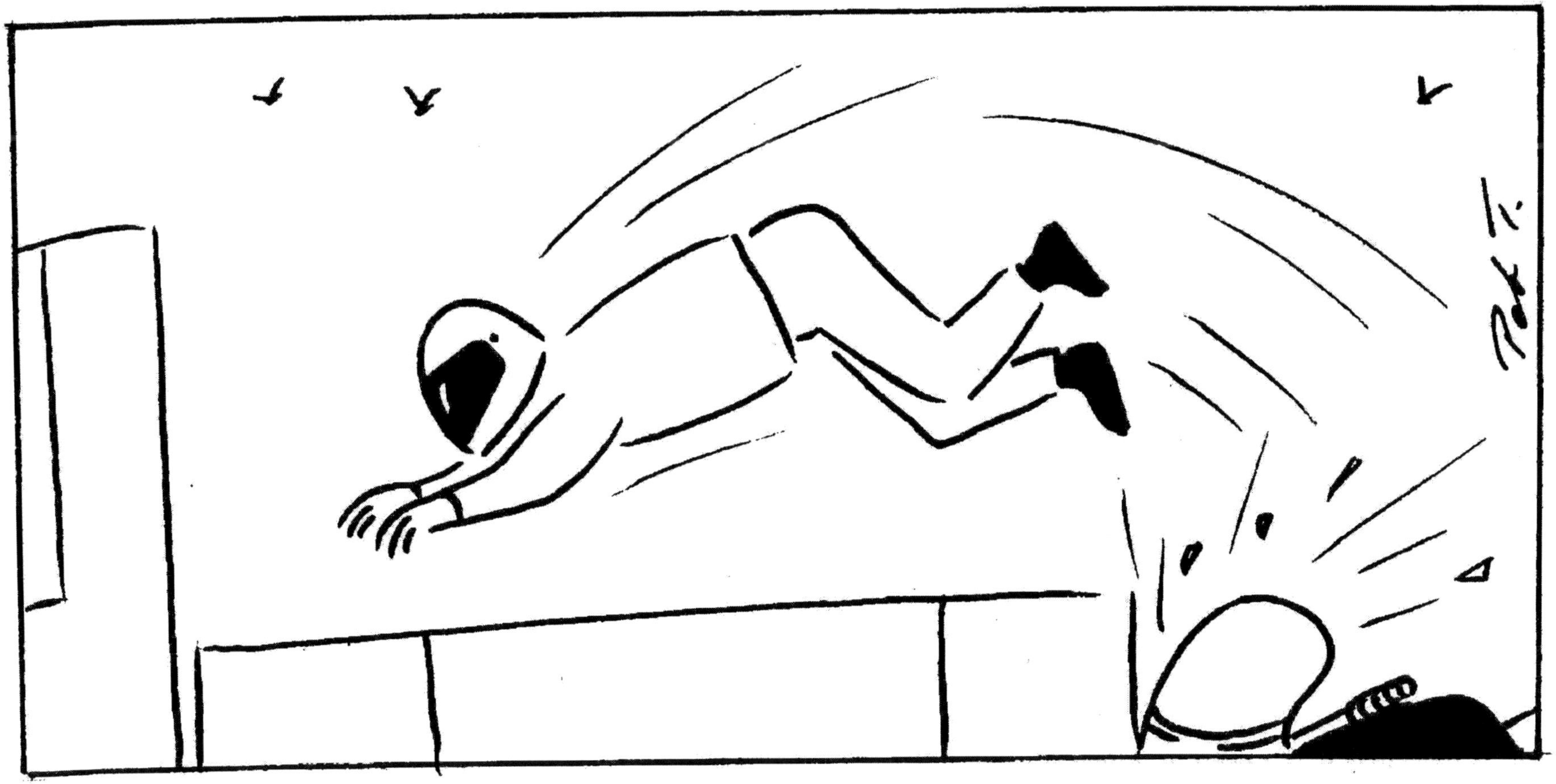

DAS GEHEIMNIS DES VERSCHWUNDENEN MOTORRADFAHRERS

Der Bilderfolge liegt die folgende Nachricht zugrunde:
Ein Motorradfahrer aus Dewsbury in Yorkshire unternahm heute einen unfreiwilligen Ausflug.
Er fuhr die Landstraße nach Dewsbury entlang, als ein schwerer Lastwagen plötzlich vor ihm abbremste. Der Motorradfahrer bremste so heftig, dass er die Herrschaft über sein Gefährt verlor und auf den Lastwagen hinaufgeschleudert wurde. Erst nach drei Meilen hielt der Lastwagen an, so dass der Motorradfahrer herabklettern konnte. Währenddessen versuchte die Polizei das Geheimnis des Motorrads zu klären, das verlassen mitten auf der Straße lag.

Phantasieerzählungen

Phantasieerzählungen überschreiten wie die klassischen Vorbilder, die Märchen, Lügengeschichten, Eulenspiegelgeschichten, die Grenzen der Wirklichkeit.
Tiere können sprechen und Abenteuer erleben. Die Bildergeschichten geben einen gewissen Rahmen vor, der unbedingt eingehalten werden soll. Die Geschichten können teilweise auch zu einer Fortsetzungsgeschichte zusammengefasst werden.
Das freche Würstchen muss nicht gleich vom Hund gefressen werden, auch wenn es am Ende doch dieses Schicksal erleidet. Nach der „Grillflucht" kann es noch etwas anstellen. Doch der Apfel ist auch nicht dumm.
Die Wurmi-Folgen eignen sich ebenso für eine Fortsetzungsgeschichte. Nach seinem Kunstgenuss sucht Wurmi sich eine feine Partnerin, die ihm aus einem herrlichen Apfel anlächelt. Leider sind Wurmis Kunststücke zu heftig, das Zweiglein bricht. Unten warten die Hühner. Doch es muss nicht so weit kommen. Ein Vogel schnappt ihn. Das entsetzliche Schnarchen des Mannes erschüttert den Vogel so, dass er Wurmi fallen lässt. Da nur wenige Menschen Würmer gerne essen, hat Wurmi nochmals Glück gehabt und kann weitere Abenteuer erleben.
„Seenot" und „Kurzer Flug" gehören zu den klassischen Phantasiegeschichten. Sie enthalten als Erzählrahmen einen Traum. Innerhalb des Traums spielt sich die Geschichte dann wie in der üblichen Erlebniserzählung ab.

KÖNIGS KOPIERVORLAGEN

Grillflucht

Das boshafte Würstchen

Wurmi täuscht sich

Wurmi flirtet

KÖNIGS KOPIERVORLAGEN

Wurmi fliegt

Wurmi surft

KÖNIGS KOPIERVORLAGEN

Seenot

Kurzer Flug

APOLLO 13
APOLLO 13

Kurzer Flug

Freies Schreiben

Freies Erzählen fordert den Schreiber heraus. Bereits bei den Mutter-Sohn-Geschichten stellt sich die Herausforderung nach ungewöhnlichen Erzählansätzen oder anderen Formen wie Minidramen.
„Kappen und Mützen" eignet sich für einen kontrastiven Erzählaufbau. Die Form des Gleichnisses könnte gewählt werden. Was in der einen Gruppe zu Erfolg und Anerkennung führt, kehrt sich bei der anderen Gruppe in das Gegenteil.
„Zum Fressen gern" bietet sich an für eine Satire über die Höflichkeit. Eigentlich überreicht man einen Blumenstrauß und nicht nur eine kümmerliche Blume. Es könnte auch um die Qualität von Komplimenten gehen, wenn man die Blume symbolisch betrachtet. Erzählt werden kann sowohl aus der Perspektive des Mannes als auch aus der Perspektive der Frau.

Kappen und Mützen

Zum Fressen gern